Mathe
Pa
Deutsch
= 400 370

Du hast gesagt, du gehst zum Elternabend !!
Nein! Das hast du gesagt !!
Hat sie!!
BUTSCHKOW

Peter Butschkow

Überleben in der Schule

Lappan

Der Autor

Peter Butschkow

Ausgewanderter Berliner, zeichnet und schreibt seit 1988 in Nordfriesland. Liebling aller Lehrer, ausgezeichneter Schüler, Empfänger bester Noten, Verwahrer grandioser Zeugnisse und Vater von zwei schulpflichtigen Söhnen, die mal besser lügen sollen als er.

Postfach 3407, 26024 Oldenburg
Reproduktionen:
litho niemann + m. steggemann gmbh
Gesamtherstellung: Proost International Book Production
Printed in Belgium
ISBN 978-3-8303-3221-3

Vorwort

Peter zeigt Bemühungen, seine gestellte Aufgabe selbstständig und sauber zu erfüllen. Er erledigte das Projekt gewissenhaft und setzte sich mit der Thematik wörtlich und zeichnerisch objektiv auseinander.

Sein Bedürfnis, das komplexe Thema aus humoristischer Perspektive zu behandeln, verdient Anerkennung. Der Beitrag seines Klassenfreundes Michael Meissner hat das Ergebnis zusätzlich bereichert. Peters Neigung zu Unpünktlichkeit war dem Ergebnis nicht abträglich, bedarf jedoch regelmäßiger Beobachtung.

...und einen besonderen Gruß an meinen alten Klassenlehrer, der immer gesagt hat, ich würde niemals im Leben nach oben kommen!
BUTSCHKOW

Inhalt

Studienrat Braatsch, privat

Abgerechnet wird später

Klaus löste sich nur mit Mühe aus der wohligen Umarmung eines wundervollen Traumes, doch das Wort „Aufstehen" nahm spürbar Befehlsform an und durchtrennte mehr und mehr seine Verbindung zur Welt des Schlafes. Seine Mutter verstand sehr wohl die große Kunst der Variation von Aufwecktechniken. Mal flötete sie sanft, mal fauchte sie, mal zwickte sie ihn, mal streichelte sie ihn, manchmal küsste sie ihn – zum Ende hin aber verschärfte sich ihr Ton, und sie wurde energischer. Wie immer hatte Klaus die sanfteren Vorstufen hartnäckig verdämmert, und Mutter hatte sich wieder mal genötigt gesehen, die härtere Gangart einzuschalten.

Nun krochen die ersten kalten und grauen Erkenntnisse in sein Bewusstsein und zerfraßen seinen inneren Frieden. Die erste davon war: Schule!! Ich muss in die Schule!! Die zweite war: Heute hast du Deutsch! Die dritte war: Verdammt, die Hausaufgaben! Du hast sie nicht gemacht! Du hast keine Hausaufgaben gemacht!! Schei-ße!!!

Eigentlich ein ganz normaler Morgen. Hausaufgaben machte er ungerne, eher seltener, was ihm ein höchst angespanntes Verhältnis zur gesamten Lehrerschaft bescherte. Nur mit dem Sportlehrer und der Kunstlehrerin verstand er sich hervorragend. Hausaufgaben verstand er als übles Komplott der Lehrerschaft, als Eingriff in seine private Sphäre, als versauten Feierabend, als neidischen Terror der verknöcherten Beamten gegenüber der Lebenslust der Jugend …

Ganz hart war es im Sommer, wenn draußen alles nach ihm rief, die Straße, die Bäume, die lauen Lüfte – und die Freunde, die, weiß der Teufel warum, scheinbar immer weniger Hausaufgaben aufhatten als er. Für ihn war das ganze Schulsystem ein einziges Fragezeichen. Kein normaler Arbeitnehmer musste sich täglich so permanent konzentrieren, zuhören, schreiben, antworten. Sein älterer Bruder arbeitete in einer Buchbinderei, und da wurde zwischendurch mal ein Schwätzchen gehalten oder ein Käffchen getrunken oder ein Kackerchen gemacht. Und nach Feierabend war auch Feierabend. Nicht so in der Schule. Da bekam man die Arbeit noch mit nach Hause, Arbeit für Stunden, bis man ganz matschig in der Birne

war von dem vielen Zeug, das man sich reinzuziehen hatte, bis der ganze schöne Tag eigentlich endgültig komplett versaut war. Ein ganzer Tag vom ganzen Leben, abgebucht unter Schularbeiten.
Klaus packte seine Schulbrote ein, von denen er schon jetzt wusste, dass er sie sowieso nicht essen würde. Er hasste Teewurst. Seine Mutter liebte sie. Schon in der ersten Pause verschmolz die fette Butter mit der schmierigen Teewurst, und beide quetschten sich zu den Broträndern hin nach draußen. Es war einfach nur ekelig. Aber Brot wegzuwerfen war eine Sünde. Er sollte dann immer an die Zeit nach 1945 denken, wo seine Eltern schlimmen Hunger hatten, und wenn das nicht funktionierte, an die vielen Kinder in Afrika, die sich um sein Teewurstbrot prügeln würden. (Und sich hundertprozentig danach erbrechen würden!)
Aber es wirkte. Er warf seine Brote nie weg, sondern schaffte sie brav nach Hause, gab vor, sie komplett verspeist zu haben und versenkte sie hinter sein Bett. Alle halbe Jahre schob seine Mutter das Bett beiseite und erstarrte angesichts der Mengen von mumifizierten Teewurstbroten. Danach gabs immer Ärger.
Zur Schule brauchte er ungefähr knappe 25 Minuten. Er kam durch zwei wunderschöne Parks, und am Tennisplatz blieb er jedes Mal einen Augenblick stehen, um sich zu fragen, was man wohl für einen Job haben musste, wenn man schon morgens vor acht Uhr Tennis spielen konnte. So einen wollte er später auch mal haben.
Vor den Parks kam er durch mehrere Seitenstraßen, über einen kleinen Platz und bog dann in eine kurze gerade Straße ein, die ihn direkt zum Eingang der ersten Parkanlage führte, und hier, hier an dieser Stelle, trat pünktlich wie ein atomuhrgesteuertes Uhrwerk, jeden Morgen frisch gewaschen und gebügelt, Manfred Krepps aus dem Haus!! Manfred Krepps, der Klassenbeste! Ein Anblick des Grauens!!
Keine Frage, dass in Manfreds Schultasche die Hausaufgaben sauber und korrekt ausgeführt ihrer Veröffentlichung entgegenhechelten. Er sah schon Manfreds schmalziges, siegessicheres Lächeln und die tiefe Zufriedenheit des Lehrers, wenn der sich über die makellose Strecke penibel beschriebener Seiten beugte und diesen Manfred am liebsten vom Fleck weg adoptieren würde. Manfred liebte garantiert Teewurstbrote, am liebsten in der zweiten Pause, wo die Ehe von Brotteig und Wurstfett ihren Höhepunkt fast überschritten hatte.

Da kam er, Manfred Krepps, den Blick klar und zuversichtlich, die Schultasche fest geschultert, das Kreuz durchgedrückt, grade wie ein Wachsoldat lief er, seine blonden Haare angeklatscht und messerscharf gescheitelt, aus den kurzen Hosen die hellen, fast weißen Beine mit den vielen, vielen blonden Haaren, das Top-Modell für Fleiß und Disziplin!
Gleichmäßig hämmerten seine Absätze das Pflaster, umdrehen tat er sich nie. Manfred interessierte sich nur für das, was vor ihm lag, hinter ihm schlurften die Faulen und die Müßigen, die Versager.
Was muss das für ein Lebensgefühl sein, dachte Klaus. Wie muss man sich fühlen, wenn man so ein gutes Gewissen hat? Wenn er das doch einmal erfahren könnte. Er beneidete diesen Manfred heimlich und knautschte dann immer mit Abscheu auf dem abgestandenen Satz herum, dass man wohl ohne Fleiß keinen Preis gewinnen könne. Allerhöchstens im Glücksspiel.
Er wusste auch, dass Manfred ihn genauso wenig ausstehen konnte, wie er ihn. Sie beachteten sich nicht, gingen sich aus dem Wege, aber er konnte Manfreds Hohn fast greifen, wenn er mal wieder dastand wie bestellt und nicht abgeholt, und auf die Fragen des Lehrers nur mit nervöser Atmung antwortete. Manfred hingegen schoss die Antworten wie aus der Pistole, fehlerfrei und präzis. Imponierend. Hingegen bewirkte die hervorragende Fähigkeit von Klaus, den drögen Unterricht mit pointierten Späßen zu würzen, bei Manfred nicht die geringste Anerkennung. Nur beim Lehrer, und zwar im Klassenbuch.
Da lief nun Manfred, schritt zügig der Schule entgegen, die Zukunft fest im Blick, während bei Klaus die ersten Konturen dieses gefürchteten Backsteingebäudes die Schweißproduktion erhöhten und er sich mehr und mehr mit einer späteren Karriere als Gabelstaplerfahrer befreundete.
Er hat Manfred Krepps nie wieder gesehen, nach der Schulzeit trennten sich ihre Wege. Er hatte nur noch gehört, dass Krepps wohl eine Lehrstelle bei Siemens bekommen hat und Ingenieur werden wollte. Vielleicht sitzt er schon längst im Aufsichtsrat eines Großkonzerns, die letzten Haare korrekt gescheitelt, die Schreibutensilien rechtwinklig ausgerichtet und besteigt seine gestapelten Aktienberge? Vielleicht treten inzwischen Manfreds Kinder jeden Morgen leuchtend frisch gewaschen aus dem Haus und eilen strebsam der Schule entgegen?
So zwischen 7 und 8 Uhr können sie dann Klaus Tennis spielen sehen.

Aus einer Schülerzeitung

An der diesjährigen Abiturientenverabschiedung konnten mein Vater und auch andere Eltern nicht teilnehmen. Es ergab sich folgendes Bild:
Als mein Vater um 10.30 Uhr die Aula betrat, waren bereits alle Plätze belegt. Die Feierlichkeiten konnte er im Stehen nicht durchhalten, da ihm dies eine künstliche Hüfte und ein Rückenleiden nicht erlauben. Bei der Diskussion in meiner Familie ergaben sich einige Fragen, die ich nicht beantworten kann und sie daher an den Lehrkörper weitergebe.

? Wie kann es sein, dass Menschen, die uns schwierige Dinge wie Integral- und Differenzialrechnung beibringen, bei einer so einfachen Aufgabe wie dem Vergleichen zweier Zahlen, nämlich der Menge der Einladungen und der Menge der zur Verfügung stehenden Sitzplätze, versagen oder ihr Wissen nicht anwenden?

? Wenn dies geschehen sein sollte: Was ist von einem Gastgeber zu erwarten, der mehr Einladungen ausspricht, als er Platz hat?

? Weiterhin wäre da noch die Frage, was man von einem Gastgeber hält, der seine Gäste stehen lässt, während er selber sitzt?

In verschiedenen Unterrichtseinheiten der Fächer Philosophie, Religion und Deutsch gehen wir auf das Problem „Behinderte" und wie man mit ihnen umgeht ein. Auch dieses Wissen wird meiner Meinung nach nicht angewendet, oder wie wollen Sie mir die nächsten Fragen beantworten?

? Wie soll ein Gehbehinderter ohne Hilfe in den zweiten Stock des Altbaus kommen?

? Warum gab es, wie es bei anderen Veranstaltungen üblich ist, keine reservierten Plätze für Behinderte?

Wie Sie sehen, ist mir einiges unerklärlich, und so möchte ich zum Schluss noch zwei Fragen stellen, die mir unweigerlich durch den Kopf gehen:

? Wir sollen am Ende dieser Schule das „Zeugnis der Reife", unser Abitur, erhalten. Ist Reife lediglich Wissen oder auch deren Anwendung?

? Und was halten Sie von dem Vorurteil, dass Lehrer zwar Wissen vermitteln, es selber aber nicht anwenden können? I.C.

Outdoor-Tag der 4. Klasse einer oberbayrischen Grundschule.

Gute Zeiten – schlechte Zeiten

Aus: Fetter Franz auf dem Esel – Heiterer Bilderbogen", Insel-Verlag

Beglückwünschung des Vaters

Was könnt' ich heute, lieber Vater,
Dir schenken, um Dich zu erfreu'n?
Ich kann nichts schaffen und verdienen
Und bin ja noch so jung und klein!

Dafür will ich Dir denn versprechen,
Stets zu gehorchen Deinem Wort
Und Deinem Rat und Deinen Lehren
Getreu zu folgen immerfort.

Ich will auch immer fleißig lernen
Und in der Schule achtsam sein
Und durch ein sittsames Betragen
Dich und die Mutter stets erfreu'n.

Und dies Versprechen, lieber Vater,
Nimm heut' von mir als Gabe an;
Ich weiß, es ist für Dich die schönste,
Die ich als Kind Dir geben kann.

Beglückwünschung der Mutter

Ich hätt' Dir heute viel zu sagen,
Du liebes, gutes Mütterlein,
Und wüßte Dir gar viel zu wünschen,
Was Dich von Herzen könnt' erfreu'n.

Doch weiß ich es nicht auszudrücken,
Wie's um das kleine Herz mir ist,
Du aber weißt es so schon besser,
Wie lieb und teuer du mir bist.

So kann ich denn nur wiederholen
Und möcht' Dir's sagen immerzu:
Ich hab Dich lieb und immer lieber,
Du herzensliebe Mutter Du!

Und wenn Du mich stets wiederliebest,
Wie ich Dich lieb', so inniglich,
Dann wüßt' ich Schön'res nicht zu wünschen,
Nichts Besseres für dich und mich!

Aus „Stollwerck's Sammelalbum No. 3, 1899.

Lehrer im Garten

Stille Kommunikation zwischen Schülern während des Unterrichts

Mir fehlen Aufgabe 2 und 3.

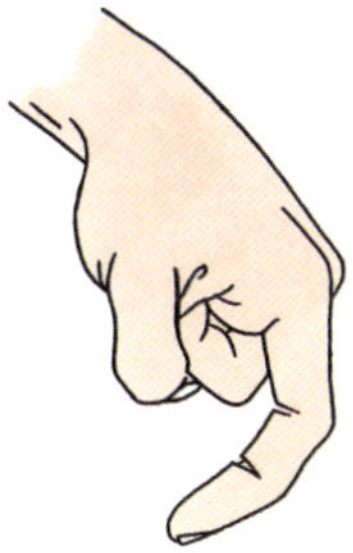

Kommst du mit pinkeln?

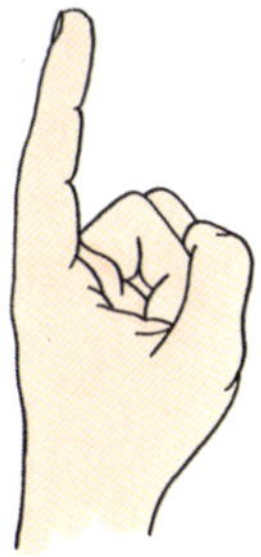

Verteile Spickzettel für die nächste Klassenarbeit

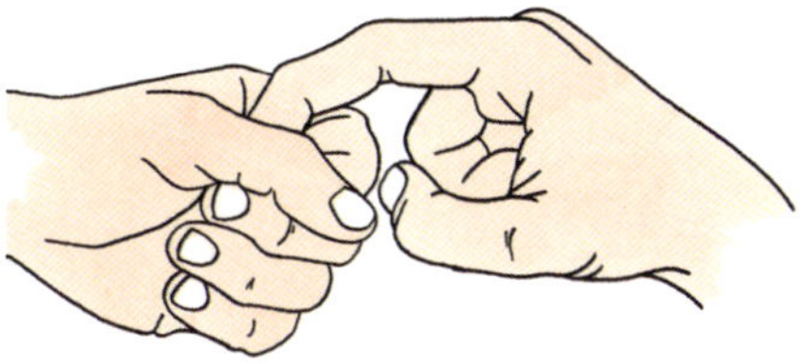

Hast mal Tinte?

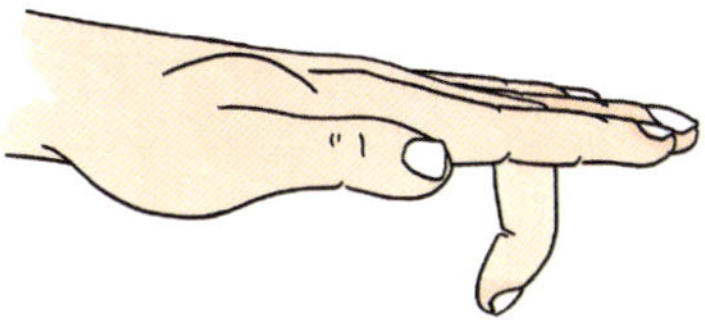

Jetzt lässt der Pauker wieder den Dicken raushängen!

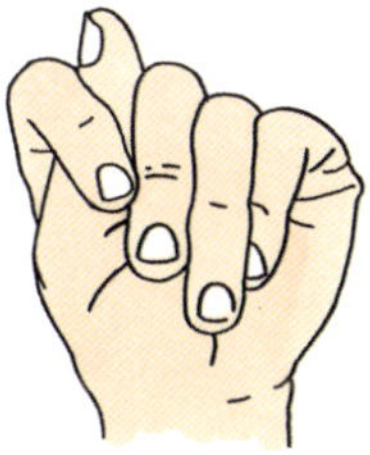

Stecke in der Klemme!

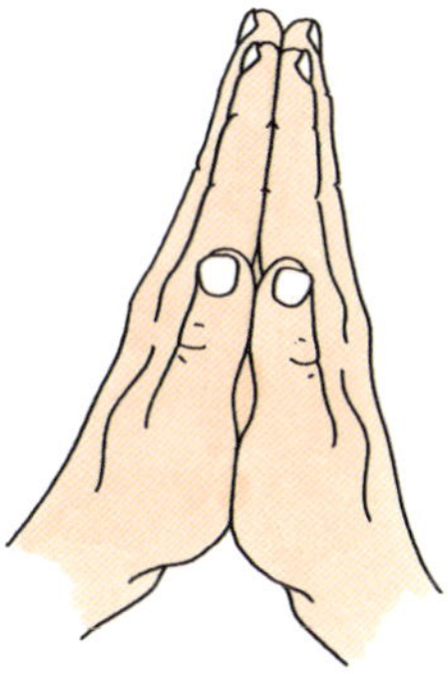

Bitte lass die Stunde vorbeigehen!

... hab nichts verstanden!

Sitzenbleiber

Albert Einstein
Thomas Mann
Woody Allen
Winston Churchill
Otto von Bismarck
Bryan Adams
Harald Schmidt
Thomas Gottschalk
Cher
Wernher von Braun
Ferdinand Sauerbruch
Al Pacino
Günter Grass
Melanie Griffith
Rüdiger Hoffmann
Marius Müller-Westernhagen
Conrad Röntgen
Peter Maffay
Moritz Bleibtreu
u.a.

Und du regst dich auf?

Ich verstehe Sie schlecht! Rufen Sie mich doch bitte auf meinem Handy an!
BUTSCHKOW

Auch unter Berücksichtigung der Tatsache, dass er als Gymnasiast
später die besseren Voraussetzungen im Berufsleben haben würde,
gelang es ihm während seiner Hausaufgaben nicht, die Provokationen
der „Drei Funnys aus der Hauptschule“ nicht zu beachten.

Die andere Fraktion

In seiner Klasse waren fünf Mädchen: Die hagere Heidi, die sanfte Jutta, die forsche Carola, die schüchterne Biggi und die fröhliche Lilo, für Fabian waren sie uninteressant und geschlechtslos, er mied jeden Kontakt mit ihnen, er nahm sie nur am Rande wahr und spürte auch nichts anderes von deren Seite.

Die Klassengemeinschaft war wie eine Ehe, täglich, jahrelang saß man miteinander in einem Raum, erlebte sich im Leistungshoch und Leistungstief, mit all seinen Fehlern und Launen und permanent in der Bewährungsprobe mit der Lehrerschaft, wobei man nicht immer die beste Figur machte. Es war halt auch nicht einfach, eine Sechs in Mathe oder ein lausiges „tie-äitsch" in Englisch souverän als Persönlichkeitsprofil zu verkaufen.

Die Mädchen waren nicht klüger, aber besser. Sie konnten albern und kichern und waren doch im entscheidenden Moment hellwach. Wenn sie mal versagten, dann wirkten sie auf eine ganz spezielle Art und Weise hilflos, lachten verlegen, verdrehten die Augen, was bei den männlichen Lehrkörpern aber erstaunlicherweise keinen Hohn, sondern eher Fürsorglichkeit bewirkte. Fabian hingegen stand in solchen Momenten herum wie ein begossener Pudel, stotterte irgendein blödes Zeug, grinste hilflos und spürte die giftige Zunge des Lehrers am ganzen Körper.

Bei einer Schultheateraufführung in der mit Eltern und Honoratioren prall gefüllten Aula, hatte Fabian beim „Wilhelm Tell" die bedeutsame Rolle des Landsknechtes Frieshardt aus der dritten Szene zu spielen. Er stand mit hölzerner Hellebarde und fest geschnürtem Wams, riesengroß und klapperdürr seitlich auf der Bühne und krähte nervös zwei Sätze ins Publikum.

Der erste lautete: „In des Kaisers Namen, haltet an und steht!"

Der zweite lautete: „Fort, fort, ins Gebängnis!"

Fabian schwor danach, dass er „Gefängnis" gesagt hätte, aber Lehrer wissen ja schon beruflich alles besser. Klassenkamerad Werner hatte mehr Glück, er trottete nur kurz quer durch das Geschehen, brummte: „Meiner Treu!" und widmete sich wieder umgehend hinter der Bühne seinen belegten Broten. Die Paraderollen von Wilhelm Tell und Landvogt Gessler waren von den Strebern Bernd und Helmut besetzt, die in der unglaublichen Lage waren, sich mehr als zwei Sätze zu merken.

Die zweiten Aufführung „Maria Stuart" war der Höhepunkt, hier glänzte die sanfte Jutta als Maria mit endlosen Monologen und mimischem Reichtum, die Fabian sprachlos machten. Als sie dann mit gebrochenem Blick und grandioser Gestik den Schlusssatz sprach: „Lebt wohl! – Jetzt hab ich nichts mehr auf der Erden!", da tobte der Saal und Tränenpfützen standen in den Stuhlreihen. Fabians Eltern beteiligten sich an dieser Schleimerei, was er ihnen lange verübelte.
Für ihn stand danach fest, die Mädchen hatten ihm etwas voraus: Sie konnten unheimlich gut auswendig lernen und mitunter schon richtig erwachsen sein. Übrigens, Jutta, so vernahm er später, war nicht Schauspielerin geworden, sondern Krankenschwester, und er sah die Szene vor sich, wie Jutta die Tür zum Krankenzimmer öffnete, sich im Türrahmen platzierte und mit großartiger Geste den Patienten zurief: „Lebt wohl! Jetzt habt ihr nichts mehr auf der Erden!" Und aus den Betten tobte donnernder Applaus.
Langsam wandelte sich etwas in Fabians Seele. Er merkte es zum ersten Mal, als seine Nachbarin Kati, eine pummlige Blonde, die für ihr Leben gerne Wiener Würstchen aß und für ihn eine geschätzte Federballpartnerin und großartige Mau-Mau-Spielerin war, ihm eines Tages aus heiterem Himmel ins Ohr flüsterte:
„Du, Fabi, meine Klassenfreundin Ute findet dich süß!"
Er wusste im ersten Moment überhaupt nichts damit anzufangen und überlegte, auf welcher Position er Katis Klassenkameradin eventuell einsetzen könnte. Im Mittelfeld? Oder gar im Tor? Er bemerkte aber auch, dass ihn noch etwas anderes, Neues interessierte, als er es sich zugestehen wollte und er keineswegs grundsätzlich abwehrte. Ansonsten, wenn ihm was nicht gefiel, sagte er üblicherweise gleich: „Keine Lust!" Das wars denn auch, da war er stur, doch Kati ließ sich sowieso nicht beirren, sie hatte sich erkennbar vorgenommen, einen Vermittlungsauftrag bis zu Ende auszuführen und legte nach:
„Sie heißt Conni und ist total süß!"
Fabian merkte, wie ihm heiß wurde, wie damals im Aufklärungsunterricht. Was fand dieses Mädchen an ihm süß? Er konnte in Bezug auf sich mit „süß" wenig anfangen, „süß" sagten alle Mädchen, süß waren für ihn Negerküsse mit knackigem Schokoladenguss, den er lustvoll mit feiner Zungenspitze in möglichst großen Platten abhob – das war so eine Macke von ihm, genau wie er Erdnüsse immer erst mit den Zähnen in fünf möglichst gleich große Teile zerkleinerte – aber die

waren salzig. So richtig süß war aber das göttliche Eis aus dem Café an der Haltestelle, Mann, war das süß.

Scheinbar hatte ihn diese Conni irgendwann mal gesehen, er hingegen konnte sich an keine Conni erinnern. Kati ging auf eine andere Schule als er, wenn sie ihren Geburtstag feierte, kamen schon viele ihrer Freundinnen, das aufgekratzte Rudel war ihm nicht unbemerkt geblieben, oft standen sie auf Katis Balkon und lachten affig und riefen den Leuten auf der Straße hinterher, genau an so einem Tag muss diese Conni dabei gewesen sein und ihn zufällig gesehen – und eben als „süß" empfunden haben. Keine Frage, irgendetwas daran gefiel Fabian, laut Kati war Conni ja auch süß , worunter er sich schon etwas mehr vorstellen konnte, ohne genau beschreiben zu können, wo er den Schokoguss vermutete, eine feste Vorstellung von einem Mädchen hatte er eben noch nicht, ob blond, schwarz, braun, groß, klein, er hatte sich nicht bewusst damit beschäftigt, er wusste noch nicht mal, ob er mollige oder dünne Mädchen besser fand, er überließ das alles der Zukunft. Die schien nun anzufangen, und er wusste überhaupt nicht, wie er sich verhalten sollte. Musste er nun mit dem Fahrrad neben Conni herlaufen?

Auch auf diese Fragen war Kati bestens vorbereitet und unterbreitete einen Vorschlag: „Conni sagte, sie sei heute Nachmittag zu Hause, Rathausstraße 35, zweiter Stock, du sollst einfach vor der Tür mit deiner Fahrradklingel läuten, sie schaut dann raus. Das Fenster sei offen."
Am Nachmittag stand Fabian mit seinem Fahrrad am Straßenrand in der Rathausstraße vor einer mehrstöckigen, grauen Mietshausfassade mit dem typischen, angeschmuddelten Rauputz. Die Autos donnerten hinter ihm vorbei und unzählige aufgereihte Fensteraugen gafften ihn aus ihrer Mauerfratze hemmungslos neugierig an, ein Auge aus dem zweiten Stock des Hauses 35 war weit geöffnet. Ihm schlug das Herz bis zum Hals und er starrte verlegen auf seine Fahrradklingel. Sein erster Schritt ins weibliche Unbekannte hing jetzt von dieser albernen Klingel ab, er konnte sich alles noch mal überlegen, er konnte einfach wieder abhauen, was aber, wenn diese Conni ihn längst beobachtet hatte und seiner Nachbarin Kati morgen in der Schule erzählen würde, dass er wie ein nervöses Kaninchen geflohen sei? Nein, jetzt musste er da durch, egal, was käme. Er klingelte.
Sie hatte ein schmales Gesicht und dunkle Haare und war rasch im Fensterrahmen erschienen. Er hatte sie noch nie vorher gesehen. Fabian hörte, wie er „Hallo!" sagte, ansonsten hörte er nur sein Herz. Sie wirkte gar nicht nervös, sehr freundlich und angenehm, das beruhigte ihn sehr. Eigentlich hatte er sich unter „Conni" etwas anderes vorgestellt, eben was anderes.
Sie plauderten oberflächlichen Kram, und er musste sie häufig bitten, den letzten Satz noch mal zu wiederholen, weil der dröhnende Autoverkehr viele ihrer Worte zerstörte, und das passte ihm sehr, denn so gewann er Zeit, sich zu überlegen, was er als Nächstes sagen könnte. Irgendwann kam ihm die gute Idee, ein bisschen über Kati abzulästern, dass sie beispielsweise beim Mau-Mau gerne betrüge und beim Federballspiel gegen ihn völlig chancenlos wäre, und beim Rollschuhlaufen stelle sie sich total blöd an, und wenn sie weiter so viel Würstchen essen würde, würde sie die Waage ruinieren. Das Thema lockerte ihn deutlich und er redete sich richtig warm. Die Quittung dafür erhielt er am nächsten Tag, als Kati sich wutschnaubend fast auf ihn stürzte und er die Lektion lernen musste, dass Mädchen untereinander einfach nicht das Maul halten können.
Conni ging in seine Lebensgeschichte ein als ein Mädchen, von dem er nur den Kopf gesehen hatte.

Das Spiel für Lehrer/-innen

SITTING

Eine Klasse für sich:

SITTING ist ein Spiel, das mit seinem praxisnahen Bezug bei keinem Lehrertreffen fehlen darf!
Teilnehmer: Bis zu 4 Personen.
Spielablauf: Jeder Spieler erhält 10 Schülerkarten, die alle eine Schülerin oder einen Schüler verkörpern und einen Namen tragen. Auf der Rückseite der Karte stehen die guten und die schlechten Eigenschaften der jeweiligen Person, diese sind mit einem Smily oder einer Fratze symbolisiert. Das Spielfeld besteht aus einem Klassenraum mit 20 Tischen für jeweils zwei Schüler/-innen. Aufgabe der Spieler ist es nun, im Austausch mit seinen Mitspielern eine ideale Klassensitzordnung herzustellen, zu diesem Zweck kann jeder Spieler würfeln oder Sonderkarten kaufen: Beschwichtigungskarten, Versöhnungskarten, Appellkarten, Diskussions- oder Elternkarten. Aber Vorsicht! Denn hier liegt die Spannung dieses Spiels, Anna hasst nämlich Tobias, Zora beißt Felix, Lars verprügelt immer Theo, Conni zerkratzt Sebastian, Oleg tritt Anton usw., usw.
Ein irrsinniges Spiel! Sie werden selber sehen, wie viel Spaß es macht und wie ungeheuer schwer es ist, dem Ziel des Spiels auch nur annähernd nahe zu kommen.

Bestanden!!
H3C-N
Tausche Noten. Olaf
BUTSCHKOW

Stellenanzeige für Lehrer im Jahre 2020

**Die Johann Wolfgang v. Gates
Universal Brainpower-School**

sucht zum 1.4.2020 einen

Kids-Imparting Manager

Die J.W.v.G.U.B.-School ist führend in der H.Q.6X-Methode und Bildungsmarktführer mit dem IZZP-8009-Modell im Leistungsbereich Primus B-OP. Wir brauchen SIE für unsere Klon-Class F4, der Meditate-Special-Domain im Block 009.

Ihre Postings sind:

- **PC-Speaking**
- **Analysis**
- **Gen-Controlling**
- **Team-Dynamics**
- **Human Adaption**

Interessiert? Sind Sie nicht älter als 18?
Verfügen Sie über die Cosmos-Lizenz?
Schicken Sie uns Ihren Chip –
www.gubs.univers.de

Unsere Schule im Wandel der Zeit ...

Volksschule 1960: Ein Bauer verkauft einen Sack Kartoffeln für 10 Schilling.
Die Erzeugerkosten betragen 8 Schilling.
Berechne den Gewinn.

Realschule 1970: Ein Bauer verkauft einen Sack Kartoffeln für 20 Schilling.
Die Erzeugerkosten betragen vier Fünftel des Erlöses.
Wie hoch ist der Gewinn des Bauern?

Gymnasium 1980: Ein Agrarökonom verkauft eine Menge subterraner
Feldfrüchte für eine Menge Geld (G).
G hat die Mächtigkeit von 30.
Für die Elemente G = g gilt 1,– öS.
Die Menge der Herstellungskosten (H)
ist um zehn Elemente weniger mächtig als die Menge G.
Zeichnen Sie das Bild der Menge (H) als Teilmenge (G)
und geben Sie die Lösungsmenge (L) an. Frage:
Wie mächtig ist die Gewinnmenge (W)?

Integrierte Gesamtschule 1990:
Ein Bauer verkauft einen Sack Kartoffeln für 35 Schilling.
Die Erzeugerkosten betragen 30 Schilling,
der Gewinn 5 Schilling. Aufgabe: Unterstreiche das Wort
„Kartoffeln" und diskutiere mit deinem Nachbarn.

Schule 2000 (nach der Bildungsreform):
Ein kapitalistisch-priffiligierter bauer bereicherd sich ohne
rechtferigunk an einem sak gartoffeln um 10 euro.
Untersuch die tekst auv inhaltliche feler, korigire das
aufgabenstelunk und demonstrire gegen das losung.

Schule 2010: es gibt ganix gartofeln mer!
Nurr noch pom fritz bei mac donald!

Aus dem „Geldbrief"

„Du musst ganz dringend pinkeln? Während des Diktates? Ach!!? Das ist ja interessant!? Das muss ich mir erst mal auf der Zunge zergehen lassen! Und du glaubst ernsthaft, dass ich, Hermann Wipfel, seit 24 Jahren Deutschlehrer mit reichlich Erfahrungen, auf diesen mittelalterlichen Trick reinfalle? Das glaubst du ernsthaft? Sag mal, für wie blöd hältst du mich eigentlich? Eines kann ich dir schriftlich geben ..."

Der Emmerich!
Mal vortreten!
BUTSCHKOW

Einladunk zur Elternversammlung

Lieber Eltern der 10. Klasse!

Hiermit lade ich Euch hertzlich zu einem Elter-napend, am Donnerstag den 27.7. um 20 Uhr in den Reumen der Klasse 10 b ein.

Tagesordnungspunckte:

1. Die Schreibschweche unseres Elternvertreters.
2. Der Muntgeruch von Erdkundeleerer Krause.
3. Die glibbrigen Wurstbrote aus der Kantiene.
4. Die Zoten von Hausmeister Pomper.
5. Der Schwarzbau vonn Rektor Eisenmann.
6. Der Fahrstiel vom Schulbussfahrer.
7. Der Zigarettenkonsuhm von Tomas.
8. Der Privat-Barren von Sportlerer Kiesel.
9. Verschidenes.

Bringen Sie etwas Gebäk und Kartopfelsalat mit, es soll auch ein gemütliecher Abend werden.

Für zahlreiche Erscheinungen dankt im Vorfeld

XXX

Elternverterer

Martermathik

Aufgabe 1:
Ein Mann leiht sich 500000,- Euro, rückzahlbar innerhalb von 6 Monaten zu 14 % Zinsen - und verschwindet.

Aufgabe: Errechne bitte die gesamte Kreditsumme zuzüglich Anwalts- und Gerichtskosten und stelle dir vor, was sich der Schuldner inzwischen für ein herrliches Leben machen kann, während du in der blöden Schule sitzt und idiotische Rechenaufgaben löst.

Aufgabe 2:
Ein Güterwagen hat 36 Anhänger, in jedem Anhänger sind 7908760 Gramm Kohlenstaub. Der Lokführer ist 32 Jahre alt und mit einer 12 Jahre jüngeren Frau verheiratet, die 13 Mitesser im Gesicht hat und für 4 mittelgroße Eierpfannkuchen genau 6 Eier verwendet, die sie aus der Legebatterie eines Unternehmers bezieht, der 12966 Hühner in 21 x 30 cm großen Käfigen hält, wovon ein Huhn null Schwanzfedern hat.

Wie viel Kohle staubt der Lokführer ab, wenn seine Frau mithilfe der Mitesser 19807 Hühner in 4 Güterwaggons verkauft?

Viele Lehrer haben sich ihren Beruf schöner vorgestellt. Sie wollten jungen, unschuldigen Wesen mit einfühlsamer Pädagogik Weisheit und Wissen vermitteln und sie damit für ein erfolgreiches Berufsleben rüsten. Die trostlosen Monate der Ferienzeit beabsichtigten sie mit Fantasie und Freude für die Unterrichtsvorbereitung zu nutzen und am Ende all dieser Mühen ihre dankbaren Schüler am Schultor mit feuchten Augen ins Leben zu entlassen. Und dann kam doch alles ganz anders. Sie hatten im rosigen Nebel ihrer Ideale nicht mit würgenden Lehrplänen, mobbenden Kollegen, ätzenden Eltern und kotzigen Kindern gerechnet. Das hält mitunter der gesündeste Lehrkörper nicht aus. Einige nehmen eine Auszeit, andere den Vorruhestand und widmen sich fortan ganz dem Vergessen. Im Süden erkennt man sie sofort an der gesunden Hautfarbe und der kollegialen Kontaktfreude.

HERMANN-GNADENLOS-SCHULE
Offenwort im Kreis Freimütigen

ZEUGNIS

für Peter Goge
Vorname, Name

Ausgeübte Tätigkeit Lehrer — Dienstjahre 32

Verhalten in der Schule Peter wirkt mehr und mehr müde und abgespannt. Seine Teilnahme am Unterricht läßt zu wünschen übrig. Eine Neigung zum Zynismus gewinnt Oberhand. Cholerische Anfälle nehmen zu.

LEISTUNGEN: Noten: sehr gut (1), gut (2), befriedigend (3), ausreichend (4), mangelhaft (5), ungenügend (6)

Talent	4	Hausaufgaben	1
Engagement	5	Computerwissen	6
Sozialverhalten	5	Sprache	4
Lehrstoffvermittlung	5	Praktische Begabung	5
Einfallsreichtum	4	Humor	6
Motivierungsfähigkeit	5	Stil	4
Intuition	4	Auftreten	5

Bemerkungen Gesundheitliche Anfälligkeiten fallen auf.

Konferenzbeschluß vom 22. Januar 20 00

Versäumnisse 86 Stunden, Verspätungen 34 mal

Offenwort, den 30. Januar 2000

Müller
Schülervertretung

Rüpell
Klassensprecher

Eltern

Der Schulschlitten kam nie wirklich pünktlich.

Dr. Meissners absolute Pflichtlektüre

Die Amerikaner sind ganz effektiv: Nach der Grundschule (primary) gehen sie gleich auf die Hochschule (high school). Kritiker wenden jedoch ein, dass die »high street« auch nur die Hauptstraße ist.

Albert, setzen! Sechs!« – »Isaac! Gar nicht erst melden! Hat sowieso keinen Zweck.« – »Christoph! Alles Quatsch! Die Erde ist eine Scheibe, und du fällst hinten runter.« – »Leonardo, lass das; kein Dings außer einem Vogel kann fliegen!« – »Galileo! Unsinn! Alles dreht sich um die Erde, wenn überhaupt!«

600 Jahre Schule. Albert Einstein war in Mathe der Schlechteste. Isaac Newton konnte keine Physik. Christoph Kolumbus war in Geografie die größte Niete. Leonardo da Vinci ersann den Hubschrauber an seinem Pauker vorbei. Galileo Galilei hatte wegen seiner Astronomie sogar Stress mit dem Papst.

So war es schon immer: Die Döfsten in der Klasse hatten reiche Eltern und sofort ab 18 ein Auto. Beruhigend dagegen, dass sie stets durchs Abitur fielen. Wenn wir zur Reifeprüfung waren, gingen sie zum TÜV zur Reifenprüfung. Daher sind sie bis heute so aufgeblasen.

Das heißt: Die Größten waren in ihrem Schulfach immer die Schlechtesten. (»Mann, seid froh, dass ihr in Sexualkunde immer eine Sex hattet!«)

Eine absolute Ungerechtigkeit: Während jeder Schüler, der zweimal hintereinander dieselbe Klasse nicht schafft, die Schule verlassen muss, dürfen Lehrer fast 40 Jahre die sechste Klasse machen und kriegen zur Belohnung auch noch eine fette Pension!

Das Schlechte an der Schule ist: Es gibt Schulpflicht. Dabei weiß jeder Spitzensportler, dass man erst in der Kür richtig gut ist.

Wenn einer zur Schule geht, nennt man das auch »Schulbesuch«. Aber behandelt man so seine Gäste?!

Das Schlimmste, das einem passieren kann: Man wacht auf und die Stunde ist noch immer nicht vorbei. Dabei war man doch mit den besten Vorsätzen eingeschlafen!

Bei einer Untersuchung über Gewalt in der Schule stellte sich heraus, dass es bei uns pro Woche im Durchschnitt die wenigsten Toten gibt. Wir gelten seither als Musterklasse. Nur was den Verbrauch von Lehrern angeht, schlägt uns noch die 9a.

Die Pause dient dem Schüler zur Gliederung des Schultages. Während er die Unterrichtsstunden langweilig oder stressig oder doof findet, kann er sich in der Pause seinen Interessen hingeben oder wichtige oder spannende oder nützliche Dinge tun. Bei den Lehrern ist es übrigens ganz genauso.

Hose zu groß, Tüte in der Hand, »Mutter« schwanger, Schuhe nicht geschnürt, Spielkiste im Kopp: Keiner weiß, ist es nun der erste oder der letzte Schultag?

Lehrerzimmer ist eigentlich nur ein freundlicheres Wort als Flaschencontainer.

Praktische Statistik: In Deutschland gibt es 150 000 Schulen und 250 000 Lehrer. Das sind pro Schule 15/25 oder gut zwei Drittel. Und das stimmt ja auch: Ein Drittel ist krank, zur Fortbildung oder nicht vorhanden.

Biologie heißt wörtlich »Lebenskunde«. Das nehmen die gepressten Pflanzen und eingemachten Frösche bis heute übel.

Da gab es diese Filmserie »Schulmädchenreport« I–XVII (für Nichtlateiner: 1 bis 17). Aber in Klasse eins bis acht war das wegen Päderastie streng untersagt, in neun bis dreizehn hatten wir es selber, danach wurden die Mädels einfach zu teuer. Die Serie muss ein Flop gewesen sein.

Jedes Jahr muss die »Laienspielschar« (Schülertheatergruppe, die so heißt, weil der betreuende Lehrer ein absoluter Laie ist) für die große Weihnachtsfeier ein Stück einüben. (Andere Religionen sind da weitsichtiger, weil sie aus diesem Grunde Weihnachten gar nicht erst eingeführt haben.) Aus der Anfangszeit dieses Übels stammen auch die Fußketten an den Stühlen der Aula, die die restliche Schülerschaft während der Aufführung zum Bleiben ermuntert.

Dass nur jeder zweite Deutsche überhaupt schreiben kann, sieht man ja exemplarisch an den beiden Machern dieses Buches.

Eiskalt geplant

Unsere erste Klassenfahrt führte uns traditionell nach Grönland. Die Insel ist ideal für die Lehrer, die ihrer Aufsichtspflicht nachkommen müssen. Die Schüler z. B. bekommen lachsrote Anoraks übergezogen. Da sind sie in der Eiswüste kilometerweit zu kontrollieren.

Ans Abhauen ist schon gar nicht zu denken. Jeder kennt die Geschichte vom Mitschüler, der vor gut 30 Jahren versuchte, zur nächsten Eisscholle zu schwimmen ... An seinem Abtauen arbeiten sie heute noch.

Am Abend über den Zappen zu hauen ist auch nicht drin. Wer um 20 Uhr verpasst hat, dass ein großer Eisblock vor den Eingang des Gäste-Iglus geschoben wurde, kann zusehen, wie und wo er den Rest der sechsmonatigen Polarnacht verbringt.

Mit der einheimischen Damenwelt rumzumachen bringt auch nichts weiter. Angesichts der vorherrschenden eisigen Temperaturen befindet sich der Schnöppi ständig im Drei-Zentimeter-Bereich.

Das Essen ist zwar nahrhaft, aber etwas einseitig. Jeden Tag Eisbergsalat (ihn anzubauen ist allerdings schon eine Kunst). Alle Getränke sind naturgemäß »on the rocks«. Die übrigen Speisen schmecken durchgängig etwas tranig. Dass auch die Lehrer ständig im Tran sind, hat hingegen einen speziellen Grund; aber davon ein andermal mehr.

Die Wandertage fallen etwas eintönig aus. So war es denn schon eine willkommene Abwechslung, als wir Horst Meier mit seinen Nagelstiefeln in mehrstündiger Arbeit vom magnetischen Pol befreien mussten. Einzig Rudi Münzer ist voll in seinem Element, denn er ist farbenblind und ahnt gar nicht, was wir vermissen.

Ein wenig anstrengend für die meisten war allerdings der letzte Tag, als wir bei einer der wenigen Ebben auf Vorschlag des Sportlehrers zu Fuß über Island und die Lofoten nach Hause marschierten.

Nix Neues unter der Sonne

Die Geschichte der Schule ist, wie die Reklame für Damenbinden, eine Geschichte der Irrtümer.

Alles begann gestern vor genau 2625 Jahren. Scholos Scholastikos lag mal wieder retsinablau vor der Taverne auf Kreta und dachte: »Es muss doch einen anderen Weg geben, um an Kohle ranzukommen außer durch Arbeit und Sozialhilfe!« Und weil er von einer ausgedehnten Fahrt nach Massilia, dem späteren Marseille, ein wenig Frühfranzösisch konnte, fiel ihm ein: »Je pense, ich denke. Und wie ich so denke, fällt mir ein: Pension. Und wie komme ich an die Pensionsberechtigung? Richtig! Durch vierzigjähriges So-tun-als-ob.« Und weil er schon stolze 37 war, wurde auch gleich die Frühpension mitgedacht. Ein Segen, der in Erinnerung an den Urvater denn auch schon häufig mit 37 Jahren greift; denn der Deutsche ist überaus geschichtsbewusst, jedenfalls, wenn es um ihn selber geht und er auch noch Abitur hat.

Aber zurück nach Kreta. »Was«, dachte Scholos, »kann ich, was andere nicht können? Quatschen. Richtig und wichtig. Und labern. Na prima. Und alles besser wissen. Genau. Und Ferien machen. Aber hallo.« So kam zur Vermeidung der Überanstrengung auch gleich noch eine generöse Ferienordnung zustande.

Aber nun das Hauptproblem: Was inhaltlich machen? Bei diesem Problem ist es ja bekanntlich bis heute geblieben. Trotz so ausgefeilter Pädagogikseminare wie Tausch und Tausch, libyscher Farbkomposition und einarmigem Naseputzen. Das willkürliche Frontalunterrichten in stinknormalen Leistungskursen ist übrigens auch nicht von schlechten Eltern. Aber wir schweifen ab.

Scholos Scholastikos hatte bald den Trichter raus (der 1428 in Nürnberg noch einmal traurige Berühmtheit erlangen sollte, weil er nicht funktionierte als solcher). »Heureka! Ich habs gefunden!« Hätte er ausrufen können. Aber auf die Idee kam erst Archimedes 321 Jahre später. »Es werde Licht!«, wäre auch ein Gedanke gewesen. Aber die Bibel war noch nicht gedichtet. »Pause!«, fiel Scholos erst mal ein. Und somit ein wichtiges Gliederungskriterium. Mit dem Nachteil, dass noch nicht klar war, was zwischen den Pausen stattfindet. Aber auch das ist ja bis heute im Wesentlichen so geblieben.

So ist festzuhalten, dass außer der Erfindung von Schulräten, Oberschulräten,

Hauptschulräten, Schulämtern und Landesschulämtern sowie 660- bis 1000-köpfigen Schulministerien alles beim Alten geblieben ist. Halt. Stop. Die Pensionen sind gestiegen, und nicht so knapp. Und nach der Pause erzähle ich dann von den Landschulheimen.

Dass so wenige Kinder auf eine anthroposophische Schule gehen, liegt am Aufnahmeantrag: »Hiermit melde ich meine Tochter Rapunzel zur andro, andripo, antropi, anpropo, prosofi, nein, danke, zur allgemeinen Grundschule an.« So werden den Eltern schon frühzeitig Steiner in den Weg gelegt.

Klasse Arbeit

Nachdem zwei Leute ihr Abitur mit Rollschuhlaufen und mährischem Volkstanz gemacht hatten, wurde das System der Neigungskurse scharf zurückgefahren. Tragisch ging auch die erste Klausur zu Ende: Weil der Lateinlehrer zu der Zeit gerade in Urlaub war, wusste niemand, was Klausur heißt: in Abgeschiedenheit. So wurden die zwölf Schüler glatt vergessen und ihre Skelette acht Jahre später zufällig von einer Putzfrau gefunden. Seither heißt die Veranstaltung wieder Klassenarbeit – gegen den Widerstand der SPD-Linken übrigens.

Nicht, dass es für die betreffenden Leute ein Problem ist, aber sie haben es.
Früher hieß es: Der Kleine da ist der Schüler. Heute heißt es: Der Kleine da ist der Lehrer. Wie soll man da schon groß rauskommen?

Ein naturwissenschaftlich noch nicht gelöstes Problem entsteht, wenn die Chemie zwischen Klasse und Physiklehrer nicht stimmt.

Eigenartig: In der Tanzschule lernt man tanzen, in der Fahrschule fahren, in der Berufsschule einen Beruf. – Nur in der Schule lernt man nix als Schule.

Beachtlich! Dennoch muss ich Ihren Antrag auf vorzeitige Pensionierung wiederum abschlägig bescheiden!

Lehrer sucht Frau

Schulische Weicheier!

Schüler

Lehrer-auf-der-Straße-Begrüßer
Immer-alle-Hausaufgaben-Macher
Lehrersachen-Aufheber
Schleimpunkt-Sammler
Lehrer-schönes-Wochenende-Wünscher
Klassenraum-Verschöner
Dauer-Melder
Sich-bei-Lehrern-Bedanker

Lehrer

Schulbuch-Schutzumschlag-Verehrer
Beim-Rektor-Beschwerer
Übern-Kopf-Streichler
Elternabend-Harmonie-Säusler
Mädchen-Versteher
Schreibtisch-immer-sauber-Haber
Elterngespräch-Wünscher
Widerspruch-Heischender

Mara Gravenbrück, **Der Lehrer**

Das sensible Erstlingswerk der Hinterbänklerin Mara Gravenbrück begeistert vom ersten Toten an. Hier kommt ein School-Indoor-Krimi der Extraklasse. Man riecht das ABC-Pflaster des Rektors, schmeckt den Cognac im Lehrerzimmer und schwitzt die Angst des Prüflings. Das alles in einer intensiven Sprache, die an die großen Werke eines Wolverhampton Burgley erinnert, dem schreibenden Bahnsteigwärter von der amerikanischen Westküste. Hier hat sich die Gravenbrück wirklich was ganz Großes erlaubt. Das bringt sie in die erste Reihe.

Alex von Trocken, **Wolfgang**

Schauplatz Klassentreffen. Seltsam fremd kommt dieses Buch daher, öffnet sich dann aber wie ein geteiltes Brötchen, verzaubert wie die Einschlafhilfe eines Faad von Vört oder der unerreichten Samantha Goodnight, reißt dich just mit brodelnden Worten wie in einen wütenden Strom, und du reist mit. Alte Schulmauern stehen wieder auf, und die junge nervöse Hitze vierschrötiger Schüler, so scheint es, feuchtet deine Seiten. Eigentlich die Biografie eines Grenzwertigen und ein Fanal für alle, die heute noch nicht an sich glauben. Schule kann, muss aber nicht.

Stefan Müller, **Das Gymnasium des Grauens**

Das fast gleichnamige Buch nach dem erfolgreichen Film von Boole Aappenstroem „Der Schulhof der Hölle" ist nichts für schwache Nerven. Du liest das Buch in einer Nacht und bist danach völlig fertig. Eines darf ich aber vorab verraten: Der Hausmeister hat das Beil nicht bei der Frau des Bio-Lehrers gelassen. Auch die Passage, wo Just van Meisenbach die Schulglocken läutet, um den Pausenclown auf die Chemietoilette zu locken, führt auf die falsche Spur. Eher schon spielt die Sekretärin eine Rolle, die mit der falschen Hasenscharte … aber, selber lesen.

Lisa Oppenheimer, **Die Prüfung**

Nach „Die Ehrenrunde" und „Die Freistunde" schließt „Die Prüfung" Oppenheimers Schul-Trilogie korrekt ab. Wie in den beiden ersten Veröffentlichungen, auch hier spielt Schulrat Unschold eine zerstörerische Rolle, und Pedell Jörgensen glänzt wieder mit obligatorischem Kurzschluss. Faszinierend, wie Oppenheimer Räume und Personen zu Strängen knüpft, gängelt und quält, wie er sie fies miteinander verknotet und mit sprachlichem Irrsinn den Leser voll in den Abgrund der Betroffenheit zieht. „Die Prüfung" gibt es auch als Computer-Spiel, jedoch nur auf Rezept.

Auch mit Abitur kann man mal abwaschen!
"Jetzo gönne der erschöpften Natur, sich durch leichten Schlummer zu erquicken!" Friedrich von Schiller, Jungfrau von Orleans, zweiter Aufzug, dritter Auftritt!
BUTSCHKOW

Darf ich vorstellen?
Kunsterzieher Goldhelm vom
Rembrandt-Gymnasium!
Er erteilt mir zurzeit Privat-
unterricht in Ölmalerei!
BUTSCHKOW

Wie die Grundschullehrerin Michaela sich mal
eine Affäre verdorben hat.

Die bunte Stunde

CECILE DESIREE DESCHENAUX-MASCOLI, vierfache Großmutter aus der Schweiz, hat im Alter von 66 Jahren Abitur gemacht. Wie die Schulbehörden mitteilten, hatte sie sich im Fernunterricht vorbereitet, war aber im ersten Anlauf im Sommer durchgefallen. Nach der erfolgreichen mündlichen Prüfung stieß die Rentnerin aus Neuchâtel mit dem Schulleiter mit Champagner an. Sie will sich künftig der Informatik widmen.

SZ, 27./28.9.97

Dankbare Schüler verwöhnen ihren Lehrer

Dresden (Reuters) – Weil sie seinen Unterricht nie langweilig fanden, haben Schüler aus dem sächsischen Ebersbach ihren Klassenlehrer ausgiebig verwöhnt. Die 30 Schüler der 10. Klasse luden den Deutsch- und Geschichtslehrer in ein Dresdner Hotel ein, wie die *Dresdner Morgenpost* am Montag berichtete. Die Schüler hätten ihm und seiner Frau dort zur Begrüßung Sekt kredenzt, die Taschen aufs Zimmer getragen und ein fürstliches Menü serviert. Zum Abschied sollte es etwas Besonderes sein, sagte eine Schülerin: „Nie war sein Unterricht langweilig." Der 60-Jährige geht nun in den Ruhestand.

SZ, 4.4.2000

Verborgene Qualitäten

Jugendliche mit schlechten Zeugnisnoten entwickeln sich nach Ansicht von Arbeitspsychologen oft zu besonders guten Mitarbeitern. Die Betriebe sollten deshalb gute Schulnoten bei der Auswahl von Lehrstellenbewerbern nicht überbewerten, teilte der Berufsverband Deutscher Psychologen (BDP) mit. Jugendliche mit schlechteren Zeugnisnoten hätten oft praktische, im Beruf sehr gut einsetzbare Veranlagungen und seien später meist besonders praxisorientiert, motiviert und leistungsbereit. (AFP)

SZ, 24.9.97

Schulbildung ist Eintrichtern des Unverständlichen in die Unwissenden durch die Unfähigen.
Sosiah Stamp

Fallersleben. U.H.B.: In der Beilage der „Pädagogischen Vakanzen-Zeitung" wird ein „Haulehrer" gesucht. Endlich sollten doch den Eltern die Augen darüber aufgegangen sein, daß ein Lehrer, der immerzu erbarmungslos mit dem Stock auf die Kinder losschlägt, keinen Segen stiften kann. Wie leicht gehen die Kinder dabei entzwei!

Kladderadatsch, 1906

Noten tun Schülern, die immer gute Noten bekommen, gut. Schüler, die durchweg schlechte Noten bekommen, werden hingegen immer schlechter.

Husumer Nachrichten, 7.11.98

Fantasie ist wichtiger als Wissen

Albert Einstein, deutscher Physiker und Nobelpreisträger (1879–1955)

Meldorf. P.: In einem Aufsatz der „Schleswig-Holsteinischen Schulzeitung“ vom 7. Juni ist zu lesen: „Vom Lehrermangel zeugt die Tatsache, daß in Preußen über eine Million Schüler in überfüllten Klassen sitzen und daß ca. 17 000 Schulklassen einer eigenen Lehrkraft entbehren. Von der Rückständigkeit der Lehrerbesoldung zeugt der Umstand, daß in der Reichshauptstadt die Lehrergehälter um 100 M. hinter dem Gehalt der Staatssekretäre zurückstehen.“ Hoffentlich ändert sich das bald, und die Lehrer bekommen ebensoviel wie die Staatssekretäre. Bekämen sie noch ein bißchen mehr, so würde das auch nicht schaden.

Kladderadatsch, 1906

Schüleraustausch: Lernen in den USA

Nachdem Dennis Petschull nach seiner Ankunft in den Staaten an einer Informationsveranstaltung in New York teilgenommen hatte, kam er an einem Sonntag bei seiner Gastfamilie an. Am nächsten Tag sollte gleich die Schule beginnen. „Ich glaube, ich habe in der ersten Nacht bei der neuen Familie keine Minute geschlafen“, erzählt Dennis Petschull. Doch er sei aufgeschlossen auf die neuen Mitschüler zugegangen und habe so schnell viele neue Kontakte knüpfen können. Die Jugendlichen in Amerika – darüber sind sich alle einig – würden sich sehr für Deutschland und Europa interessieren. Doch an Fragen wie „Lebt Hitler eigentlich noch“ oder „Bist du auch ein Nazi“ dürfe man sich nicht stören. Europäische Geschichte stünde nicht auf dem amerikanischen Lehrplan. Derart erschreckende Bemerkungen und Fragen seien fast nie böse gemeint, sondern basierten einfach auf Unwissen.

Auszug aus den Husumer Nachrichten, 8.10.99

Etwa 5 Prozent aller Dienstaufsichtsbeschwerden, die bei den zuständigen Schulbehörden der einzelnen Bundesländer eingehn, führen zur Versetzung einer Lehrkraft. „Wanderpokal“ nennt der Schul-Jargon solche Lehrer, die immer wieder versetzt werden, weil es an jeder Schule Probleme gibt. Das heißt aber nur, dass immer wieder andere Schüler mit einem unfähigen Pädagogen zu tun haben. Ihn zu entlassen ist überaus schwierig, zumal die meisten Lehrer Beamte sind.

Auszug „Familie & Co“ 8/99

In den zwanziger Jahren erreichten nur zehn Prozent eines Jahrgangs Mittlere Reife oder Abitur. 50 Jahre später waren es schon 70 Prozent. Heute nimmt ein Drittel eines Jahrgangs ein Studium auf. Die Menschen streben immer höhere Bildungsabschlüsse an, bringen aber nicht unbedingt mehr Intelligenz oder Begabung mit.

„Tests allein helfen wenig“, sagt die GEW-Funktionärin Bettina Gerhard. „Die Sau wird ja nicht fetter, je häufiger man sie wiegt.“

Auszug aus der SZ

Schuluniformen sollen Gewalt reduzieren

Der Hamburger CDU-Politiker Klaus-Peter Hesse hat sich für die Einführung von Schuluniformen ausgesprochen. Sie könnten dafür sorgen, dass gewaltsame Übergriffe auf dem Schulhof reduziert würden, sagte Hesse. US-Studien hätten nachgewiesen, dass die Gewalt nach Einführung von einheitlicher Kleidung um die Hälfte zurückgehe. „Es kommt in unseren Schulen zu zahlreichen Gewalttaten, weil die Schüler ihren Kameraden die teure Jacke oft gewaltsam entreißen", erklärte Hesse. Für die Schulkleidung bezahlen sollen die Eltern. Die Massenbestellung ermögliche niedrige Preise. „Bei Einkommenschwachen müsse natürlich der Staat einspringen." *Auszug aus der SZ*

Und hier ist sie, die neue Schul-Uniform:

... aus billigem, blau gefärbtem Hanf im modischen Look von Wilhelm, dem Skater. Die Jacke ist reißfest und schulmilchabweisend, dazu eine mattgrüne Karateschleife, Trillerpfeifenhalterung und Elektroschocker gehören zur Sonderausstattung und müssen von den Eltern extra bezahlt werden. Die Hosen sind halblang, haben eine Gesäßverstärkung und sind durchweg in Einheitsgröße M zu tragen. Ab der 10. Klasse gibt es dann die Gymnasialmütze „Alter Lateiner" in Römerbraun. Ab 200 000 Stück erhält jeder einen Stundenplan aus spuckfestem Leder. Endlich!

Und Lass dir mal
von deiner Lehrerin
Manieren beibringen!
BUTSCHKOW

ZDF

19.25 Unser Rektor Dr. Schwintt

Serie, Dtl. Teil 1: Zügellos in Bad Reichenhall

Mit Edwin Nührke, Dorle Haperguck, Nino Terracotta, Furt Hagenbach, Sepp Kot u.a.

Rektor Schwintt (Edwin Nührke) trifft während einer Rektorenwanderung auf die adrette Lea (Dorle Haperguck). In einem Unwetter stoßen sie auf den Legastheniker Karl (Nino Terracotta), der Höhlenwände beschmiert. Bei einer grammatischen Auseinandersetzung beschimpft Schwindtt die Rechtschreibreform und flüchtet mit Lea vor dem verunsicherten Karl in eine abgelegene Trinkhalle. Hier lernen sie Schulsenator Kurt (Furt Hagenbach) kennen, der zotige Fortbildungswitze erzählt und im Laufe des Abends von Lea bespuckt wird. Die Handlung verliert langsam die Glaubwürdigkeit und schwächelt so über die Runden. Das Fachmagazin „Serien für Lehrkörper" schrieb dazu: „Dünne Kost für Serien-Junkies. Allein Sepp Kot überzeugt in seiner Nebenrolle als Türöffner. Das reißt es aber auch nicht raus!"

Indianer-Abiturprüfung in Rauchschreibung

Eltern 1960

Eltern 2010

Big Mother

Neues aus dem Schul-Container

Jürgen hat heute Morgen mal wieder verschlafen, sah ziemlich krass aus, und dann hat er auch noch sein Pausensnack vergessen, aber **Katharina** steht ja schwer auf **Jürgen** und hat ihm was von ihrem Müsliriegel abgegeben, das fand nun wieder **Guido** nicht gut, der **Jürgen** nicht leiden kann und voll auf **Katharina** steht. **Conni** hat sich auf einen Negerkuss gesetzt und verdächtigt **Roman,** der fand das voll übel und am schlimmsten, dass **Anika** „Negerkuss" gesagt hat. Daraufhin kam es zu einer heißen Diskussion, in der **Kevin** vorschlug, zukünftig „Afri-Schaum" oder „Black-Smac" anstatt Negerkuss zu sagen. Daraufhin mischte sich **Klaus** ein, was alle ziemlich scheiße fanden. Aber **Klaus** sagte, er sei ja nun wohl der Lehrer und unterrichte hier im Moment Physik, und er fände es erstens nicht okay, dass in seinem Unterricht andauernd gequatscht werden würde und zweitens, auch noch über ein völlig unterrichtsfernes Thema. **Max** fand das überhaupt nicht, im Gegenteil, Negerküsse hätten sehr wohl was mit Physik zu tun. **Ugur** meinte, **Max** wolle doch nur ablenken und solle das Maul halten und ihm lieber die 10.- Euro zurückgeben, die er ihm vor 6 Wochen geliehen hätte. **Katja** fand alles voll idiotisch und wenn alle nur so einen Scheiß erzählen würden, dann könne sie ja auch berichten, dass sie heute ihre Tage bekommen habe. Darüber regte sich **Jürgen** furchtbar auf. **Klaus** sagte dann, er wolle gerne in seinem Stoff weitermachen. Das empfand **Jasmin** als reichlich unpassend und kritisierte, dass **Klaus** versuche, im Rahmen bürgerlicher Machtstukturen einen gruppendynamischen Prozess zu zerstören. **Roman** fand, **Jasmin** könne ja zu den Grünen gehen. **Jasmin** fand, **Roman** könne ihr gerne am Arsch lecken. **Klaus** fand das alles insgesamt nicht mehr gut, musste dann aber abbrechen, weil es zur Pause klingelte. Morgen ist **Kladdi** wieder im Schul-Container. War lange im Nachhilfe-Container.

Letzte Frage

Ein Sportlehrer prallt ab

Schwimmlehrer im Ruhestand

Lappan · Bücher, die Spaß bringen!

Peter Butschkow
Überleben ab dreißig
ISBN 978-3-8303-3199-5

Peter Butschkow
Überleben ab vierzig
ISBN 978-3-8303-3176-7

Peter Butschkow
Überleben ab fünfzig
ISBN 978-3-8303-3177-3

Peter Butschkow
Überleben ab sechzig
ISBN 978-3-8303-3200-8

R. Dieckmann, J. Rieckhoff
Überleben in der Ehe
ISBN 978-3-8303-3229-9

Peter Butschkow
Überleben mit Kindern
ISBN 978-3-8303-3149-0

Peter Butschkow
Überleben als Opa
ISBN 978-3-8303-3062-9

Peter Butschkow
Überleben als Oma
ISBN 978-3-8303-3161-2

Peter Butschkow
Überleben im Ruhestand
ISBN 978-3-8303-3094-3

Peter Butschkow
Überleben beim Zahnarzt
ISBN 978-3-8303-3133-9

Yves-Cédric Ton-That
Überleben a. d. Golfplatz
ISBN 978-3-8303-3064-6

Peter Butschkow
Überleben unter Segeln
ISBN 978-3-8303-3086-8

Wir senden Ihnen gern unser Gesamtverzeichnis: Lappan Verlag GmbH · Postfach 3407 · 26024 Oldenburg
oder besuchen Sie uns im Internet unter: www.lappan.de